Renate und Mark Bruce

DAS FRÖHLICHE WEIHNACHTSLIEDERHEFT

Die schönsten Weihnachtslieder
aus aller Welt

für 2-3 Violinen
Sätze von Mark Bruce

Mit Illustrationen von
Ursula Giese-Neumann

ED 7888

Mainz · London · Madrid · Paris · New York · Tokyo · Beijing überarbeitete Neuauflage 2011

Bestellnummer: ED 7888
ISMN 979-0-001-08169-6

INHALT

LEICHTE WEIHNACHTSLIEDER FÜR DEN ANFANG

1. Morgen kommt der Weihnachtsmann

Mor - gen kommt der Weih - nachts - mann, kommt mit sei - nen Ga - ben.

Bun - te Lich - ter, Sil - ber - zier, Kind mit Krip - pe, Schaf und Stier,

Zot - tel - bär und Pan - ther - tier möcht' ich ger - ne ha - ben.

2. Tannenbaum im grünen Wald

Text und Melodie: R.B-W.

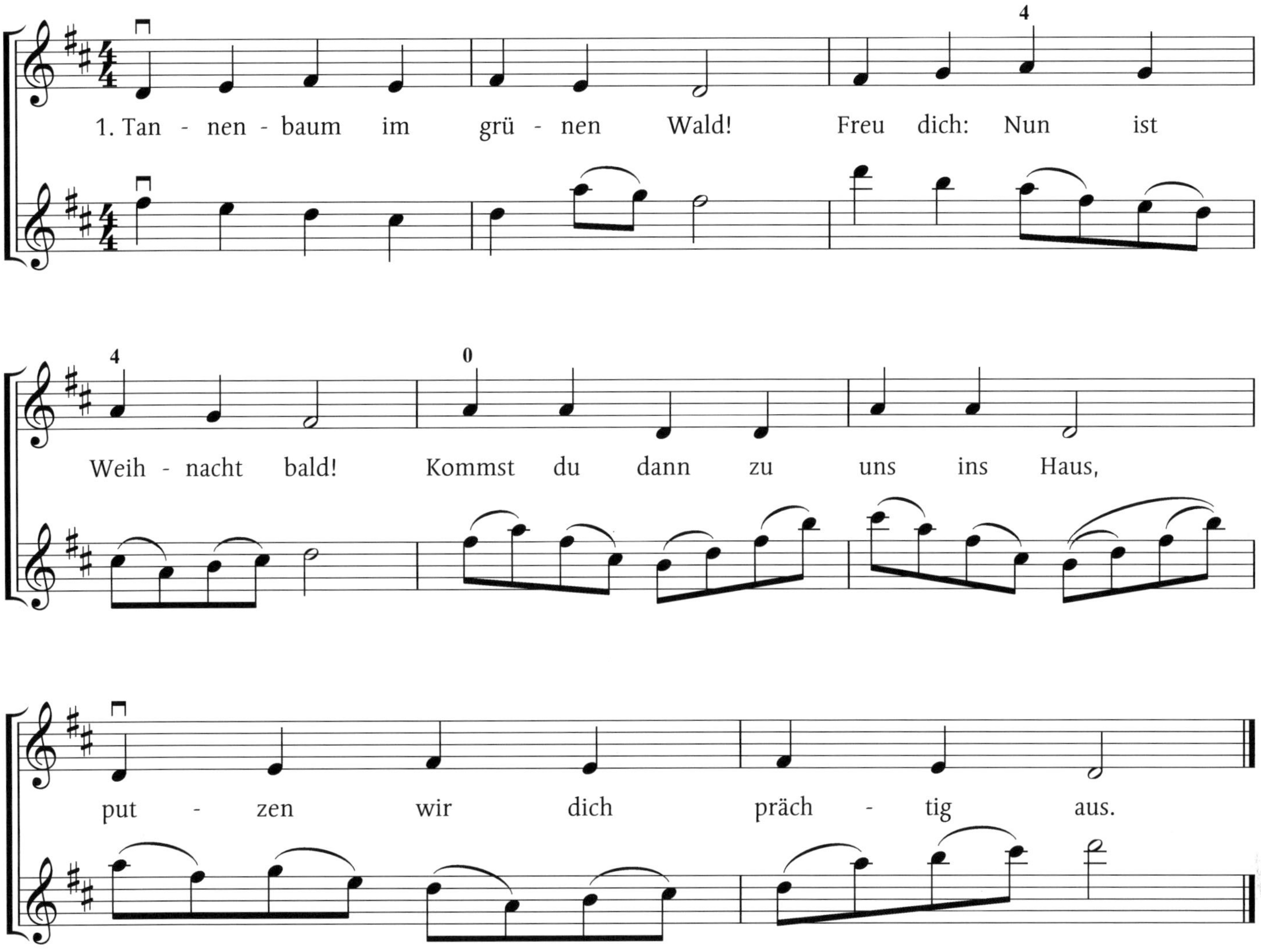

1. Tan - nen - baum im grü - nen Wald! Freu dich: Nun ist

Weih - nacht bald! Kommst du dann zu uns ins Haus,

put - zen wir dich präch - tig aus.

2. Hängen an die Zweige dir
Äpfel, Nüsse, Goldpapier,
setzen auf die Äste dein
viele bunte Lichterlein.

3. Weihnachtszeit kommt nun heran

Text: Karola Wilke
Melodie: Wolfgang Stumme

1. Weih - nachts - zeit kommt nun her - an, Ster - ne leuch - ten hell. Ru - precht, blas die Wol - ken an, dass der Schnee bald fal - len kann! Win - ter ist zur Stell'!

2. Mond sieht aus dem Wolkentor:
„Ist es noch nicht Zeit?
Ruprecht, spann die Schimmel an,
dass Frau Holle reisen kann!
Ihre Fahrt ist weit.

3. Pack dir Heu und Häcksel ein!
Ihr müsst lange fahrn.
Ruprecht, zünd die Lichtlein an,
dass Frau Holle sehen kann,
ob wir fleißig war'n.

4. Ist das Säcklein leer gemacht
bis zum letzten Rest,
Ruprecht, blas die Wolken an,
dass Frau Holle singen kann
uns zum frohen Fest."

4. Stille, stille, kein Geräusch gemacht

aus Thüringen

Stil - le, stil - le, kein Ge - räusch ge - macht!

Sieh, da schläft das Kin - de - lein, müs - sen wir ganz lei - se sein.

Stil - le, stil - le, kein Ge - räusch ge - macht!

DREI ENGLISCHE KANONS

5. Santa Claus is coming
Santa Claus wird kommen

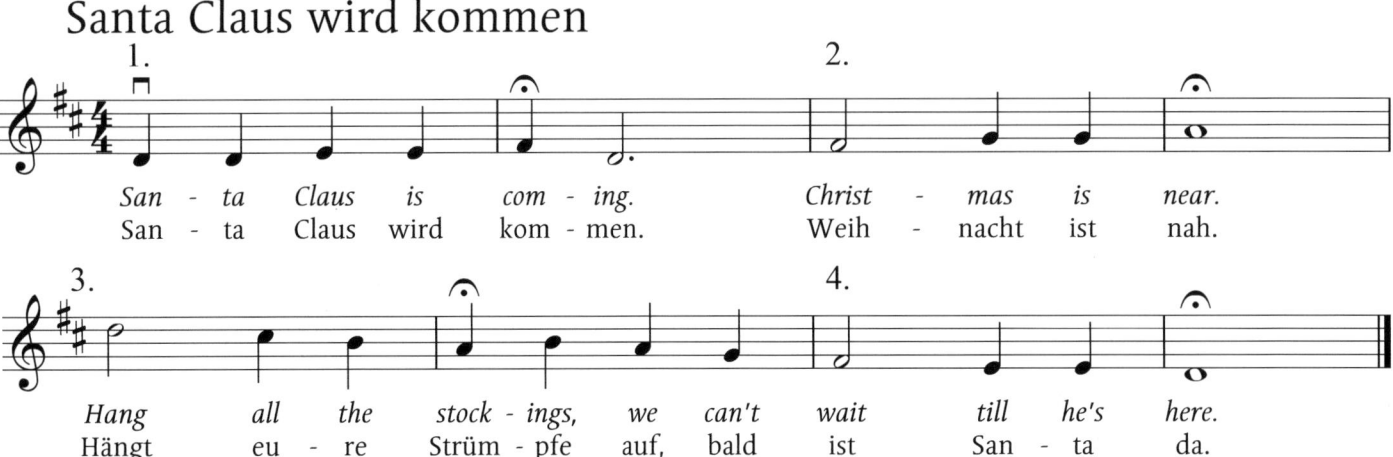

Santa Claus is com - ing. Christ - mas is near.
San - ta Claus wird kom - men. Weih - nacht ist nah.

Hang all the stock - ings, we can't wait till he's here.
Hängt eu - re Strüm - pfe auf, bald ist San - ta da.

6. Ring, ring
Kling, klang

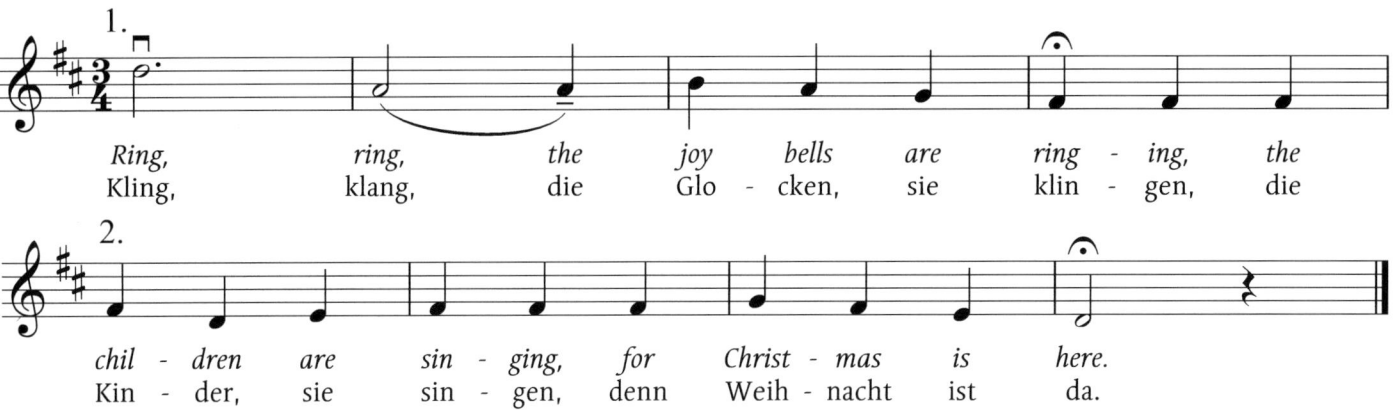

Ring, ring, the joy bells are ring - ing, the
Kling, klang, die Glo - cken, sie klin - gen, die

chil - dren are sin - ging, for Christ - mas is here.
Kin - der, sie sin - gen, denn Weih - nacht ist da.

7. The little bells of Christmas
Die kleinen Weihnachtsglocken

The lit - tle bells of Christ - mas say, Ding, dong, ding, dong, dong. The
Die klei - nen Weih-nachts - glo - cken gehn: ding, dong, ding dong, dong. Die

lit - tle bells of Christ - mas say, Ding, ding dong.
klei - nen Weih-nachts - glo - cken gehn: ding, dong, dong.

BEKANNTE LIEDER IN DER ERSTEN GRIFFART

8. Vom Himmel hoch

Melodie und Text: Martin Luther, 1555

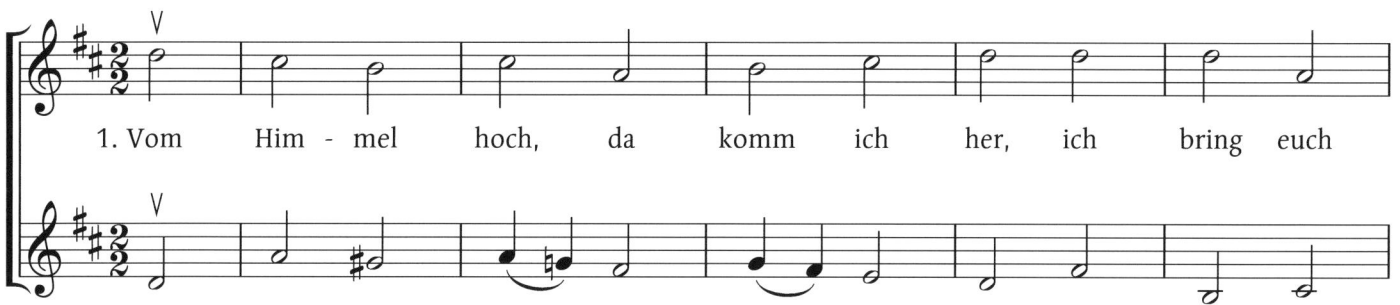

1. Vom Him - mel hoch, da komm ich her, ich bring euch

gu - te___ neu - e Mär, der gu - ten Mär bring

ich so viel, da - von ich sing'n und sa - gen will.

2. Euch ist ein Kindlein heut' geborn
   von einer Jungfrau auserkorn;
   das Kindelein so zart und fein,
   das soll eu'r Freud und Wonne sein.

3. Des lasst uns alle fröhlich sein
   und mit den Hirten gehn hinein
   zu sehen, was Gott uns beschert,
   mit seinem lieben Sohn verehrt.

Aus: „Die fröhliche Violine", Geigenschule für den Anfang, Band 1, ED 7299, Schott Music, Mainz, 1986.
Im Anhang befinden sich noch weitere Weihnachtslieder in der ersten Griffart.

9. Lasst uns froh und munter sein

aus dem Hunsrück

1. Lasst uns froh_ und_ mun - ter sein, ü - ber den_ Ad -

-vent uns freu'n! Lu - stig, lu - stig, tra - le - ral - la - la,

bald ist Nik - laus - a - bend da, bald ist Nik - laus - a - bend da.

2. Dann stell' ich den Teller auf,
   Nik'laus legt gewiss was drauf.
   Lustig, lustig...

3. Wenn ich schlaf', dann träume ich,
   jetzt bringt Nik'laus was für mich.
   Lustig, lustig...

4. Wenn ich aufgestanden bin,
   lauf' ich schnell zum Teller hin.
   Lustig, lustig...

10. Alle Jahre wieder

Melodie: Friedrich Silcher (1789–1860)
Text: Wilhelm Hey (1789–1854)

1. Al - le Jah - re wie - der kommt das Chri - stus - kind

auf die Er - de nie - der, wo wir Men - schen sind.

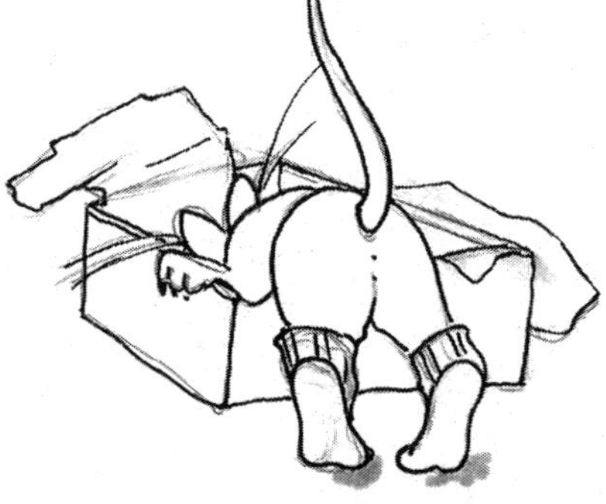

2. Kehrt mit seinem Segen
ein in jedes Haus,
geht auf allen Wegen
mit uns ein und aus.

3. Steht auch mir zur Seite,
still und unerkannt,
dass es treu mich leite
an der lieben Hand.

11. O du fröhliche

Melodie aus Sizilien
Text: Johannes Daniel Falk, 1819

1. O du fröh-li-che,— o du se-li-ge— gna-den-brin-gen-de Weih-nachts-zeit. Welt— ging ver-lo-ren, Christ— ist ge-bo-ren: Freu-e,— freu-e dich, o Chri-sten-heit!

2. O du fröhliche, o du selige
gnadenbringende Weihnachtszeit.
Christ ist erschienen,
uns zu versühnen:
Freue, freue dich, o Christenheit!

3. O du fröhliche, o du selige
gnadenbringende Weihnachtszeit.
Himmlische Heere
jauchzen dir Ehre:
Freue, freue dich, o Christenheit!

12. Kommet, ihr Hirten

Melodie aus Böhmen
Text: Karl Riedel (1827–1888)

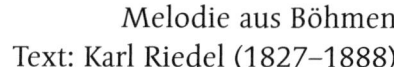

1. Kom - met,_ ihr_ Hir - ten, ihr_ Män - ner_ und_ Frau'n,
kom - met,_ das_ lieb - li - che_ Kind - lein_ zu_
schaun.

Chri - stus, der Herr, ist heu - te ge - bo - ren,
den Gott zum Hei - land hat aus - er - ko - ren. Fürch - tet_ euch nicht.

2. Lasset uns sehen in Bethlehems Stall,
was uns verheißen der himmlische Schall.
Was wir dort finden, lasset uns künden,
lasset uns preisen in frommen Weisen:
Halleluja.

3. Wahrlich, die Engel verkünden heut'
Bethlehems Hirtenvolk gar große Freud',
Nun soll es werden Friede auf Erden,
den Menschen allen ein Wohlgefallen:
Ehre sei Gott.

13. Ihr Kinderlein kommet

Text: Christoph von Schmid, 1798
Melodie: J. A. Peter Schulz, 1794

1. Ihr Kin - der-lein kom - met, o kom - met doch all! Zur Krip - pe her kom - met in Beth - le - hems Stall und seht, was in die - ser hoch - hei - li - gen Nacht der Va - ter im Him - mel für Freu - de uns macht.

2. O seht in der Krippe im nächtlichen Stall,
   seht hier bei des Lichtleins hellglänzendem Strahl
   den lieblichen Knaben, das himmlische Kind,
   viel schöner und holder als Engel es sind!

3. Da liegt es, das Kindlein, auf Heu und auf Stroh;
   Maria und Joseph betrachten es froh.
   Die redlichen Hirten knien betend davor,
   hoch oben schwebt jubelnd der Engelein Chor.

14. Kalt war der Winter, blass der Mond

Originaltext in Huroindianisch
von Pater Jean de Brebeuf (1593–1649)

Kalt war der Win - ter, blass der Mond, die Vö - gel wa - ren

fort. Der gro - ße Git - chi Ma - ni - tou sandt En - gel an den

Ort. Sie san - gen vor dem hel - len Stern, die Jä - ger hör - ten's

rit.   *a tempo*

nah und fern:___ „Got - tes Sohn ist ge - born, Got - - tes

Sohn. In ex - cel - sis glo - ri - a!"

Dieses Weihnachtslied war das erste Weihnachtslied Kanadas, vielleicht überhaupt das erste Weihnachtslied Amerikas. Der französische Pater Jean de Brebeuf, der als Missionar bei den Huron-Indianern lebte, schrieb den originalen indianischen Text, um den Indianern die Weihnachtsgeschichte in einer Sprache zu erzählen, die sie verstanden. Er benutzte für das Lied eine alte französische Melodie.

KENNST DU DIESE WEIHNACHTSLIEDER?
(1. und 3. Griffart)

15. Kling, Glöckchen, kling

Volksweise
Text: Karl Enslin (1814–1875)

1. Kling, Glöck-chen, klin-ge-lin-ge-ling, kling, Glöck-chen, kling!

Lasst mich ein, ihr Kin - der, ist so kalt der Win - ter,

öff - net mir die Tü - ren, lasst mich nicht er - frie - ren!

Kling, Glöck-chen, klin-ge-lin-ge-ling, kling, Glöck - chen, kling!

2. Kling, Glöckchen, klingelingeling,
kling, Glöckchen, kling!
Mädchen, hört, und Bübchen,
macht mir auf das Stübchen,
bring euch viele Gaben,
sollt euch dran erlaben!

16. Morgen, Kinder, wird's was geben

nach einer Berliner Volksweise
Text: Philipp von Bartsch, 1809

1. Mor - gen, Kin - der, wird's was ge - ben, mor - gen wer - den wir uns freun!

Welch ein Ju - bel, welch ein_ Le - ben wird in un - serm Hau - se sein!

Ein - mal wer - den wir noch wach, hei - ßa, dann ist Weih - nachts - tag!

2. Wie wird dann die Stube glänzen
   von der großen Lichterzahl!
   Schöner als bei frohen Tänzen
   ein geputzter Kronensaal.
   Wisst ihr noch, wie vor'ges Jahr
   es am Heil'gen Abend war?

3. Wisst ihr noch mein Räderpferdchen,
   Malchens nette Schäferin,
   Jettchens Küche mit dem Herdchen
   und dem blankgeputzten Zinn?
   Heinrichs bunten Harlekin
   mit der gelben Violin?

GROSSE WEIHNACHTSREISE DURCH EUROPA

17. Weihnachtstanz aus Dänemark

deutsche Textübertragung: R. B.-W. © 1991 Schott Music GmbH & Co. KG, Mainz

Unsere große Weihnachtsreise beginnt in Skandinavien.
Dort wünscht man sich nicht „Frohe Weihnachten", sondern „God Jull". Noch in der Zeit vor Einführung des Christentums feierte man mitten im Winter das Julfest. Man ließ brennende Räder (Jul = Rad) die schneebedeckten Hänge hinunterrollen, um böse Geister zu vertreiben und holte Baumstümpfe als „Julklötze" aus dem Wald, deren Asche der kommenden Ernte Glück bringen sollte. Um den Julklotz herum wurde getanzt und gesungen. Ob wohl auch der hier abgedruckte Weihnachtstanz gespielt wurde? Heute ist er, besonders in Dänemark und Schweden, sehr beliebt. Die Kinder tanzen um den Weihnachtsbaum herum, immer schneller und schneller, bis am Ende alle über die eigenen Beine stolpern.

18. Christmas is coming
Weihnacht' ist 'kommen

aus England

1. Christ - mas is com - ing. The goose is get - ting fat.
1. Weih - nacht' ist 'kom - men, die Gans ist fett und gut.

Please to put a pen - ny in the old man's hat,
Bit - te tu 'nen Ta - ler in des Bett - lers Hut!

Please to put a pen - ny in the old man's hat.
Bit - te tu 'nen Ta - ler in des Bett - lers Hut!

deutsche Textübertragung: R. B.-W. © 1991 Schott Music GmbH & Co. KG, Mainz

2. If you have no penny,
   a ha'penny will do,
   If you have no ha'penny,
   then God bless you,
   If you have no ha'penny,
   then God bless you.

2. Hast' keinen Taler,
   dann wirf 'nen Groschen rein.
   Hast du keinen Groschen,
   sollst gesegnet du sein.
   Hast du keinen Groschen,
   sollst gesegnet du sein.

In England wünscht man sich „Merry Christmas".
Zum großen Weihnachtsessen gibt es „turkey" (Truthahn) oder „Christmas goose" (Gans) und den berühmten Plumpudding.
Am Weihnachtsabend hängen die Kinder ihre Strümpfe in die Nähe vom Kamin, damit „Santa Claus", der mit seinem
Rentierschlitten über die Dächer fliegt, sie mit Geschenken füllt.

19. We wish you a Merry Christmas

aus England

We wish you a Mer-ry Christ-mas. We wish you a Mer-ry Christ-mas. We
Wir wün-schen dir fro-he Weih-nacht! Wir wün-schen dir fro-he Weih-nacht! Wir

wish you a Mer-ry Christ-mas and a Hap-py New Year.
wün-schen dir fro-he Weih-nacht und ein glück-lich' neu' Jahr!

Fine

Good ti-dings we bring to you and your kin'. Good
Gute Nach-richt bring ich für die Dei-nen und dich. Gute

ti-dings for Christ-mas and a Hap-py New Year.
Nach-richt zu Weih-nach-ten und zum neu-en Jahr.

deutsche Textübertragung: R. B.-W. © 1991 Schott Music GmbH & Co. KG, Mainz

D.C. al Fine

21

20. La Befana

aus Italien

Guar - da, guar - da la nel ciel - lo blu; guar - da, guar - da,
Schaut, schaut, schaut, am blau - en Him - mel dort saust die He - xe

guar-da un po' pui in su! La Be - fa - na, se ne va, vo - la a gran ve - lo - ci - ta.
schnell von Ort zu Ort. La Be - fa - na, He - xe du, freu-dig schau-en wir dir zu.

Per i bim - bi buo - ni mette un do - no nel cami - no. Hop, hop, hop. Sco - pa va so-pra i
Komm und wirf Ge-schen-ke auch durch un - se - ren Ka - min. Hopp, hopp, hopp. Saus' ge-schwind rauf und

mon-ti e la cit - ta, vo - la su, vo - la giu, va per tut-to il cie - lo blu.
run - ter wie der Wind. Hopp, hopp, hopp. Komm doch schnell und be - sche-re je - des Kind!

deutsche Textübertragung: R. B.-W. © 1991 Schott Music GmbH & Co. KG, Mainz

In Italien wünscht man sich „Buon Natale", das heißt „Guten Geburtstag". Gemeint ist natürlich der Geburtstag von Jesus Christus. Dabei steht in Italien gar nicht das Geburtsfest Christi, der 25. Dezember, im Mittelpunkt der Feierlichkeiten, sondern das Tauffest, *Epiphanias*, der 6. Januar. Auch auf die Geschenke müssen die italienischen Kinder bis zum 6. Januar warten. Sie glauben, dass entweder das Christkind, *„bambinello"*, oder die Dreikönigshexe „Befana" die Geschenke bringt. Man erzählt sich, dass die Hexe durch die Hirten von der Geburt Christi erfahren habe, dann aber zu spät aufgebrochen sei und den Stern verfehlt habe. Deshalb sucht sie das Jesuskind auch heute noch, saust durch die Lüfte und hofft, bei der Bescherung der Geschenke, die sie durch den Kamin wirft, irgendwo das Christkind zu finden.

21. Gatatumba

aus Spanien

Ga - ta - tum-ba, tum-ba, tum-ba, con pan - de - ros y so - na-jas, ga-ta- tum-ba, tum-ba,
Ga - ta - tum-ba, tum-ba, tum-ba, kommt mit Trom-meln und Trom - pe - ten, ga - ta- tum-ba, tum-ba,

tum - ba, no - te me - tas en las pa - jas. Ga - ta - tum - ba, tum - ba, tum - ba, to ca el
tum - ba, Gei - gen spielt und Ka - sta - gnet-ten! Ga - ta - tum - ba, tum - ba, tum - ba, al - les

pi - to y el ra - bel: Ga - ta - tum-ba, tum - ba, tum ba, tam - bo - ril y cas - ca - bel.
tanzt und lacht und singt, ga - ta - tum-ba, tum - ba, tum - ba, wenn dies Weih-nachts-lied er - klingt.

deutsche Textübertragung: R. B.-W. © 1991 Schott Music GmbH & Co. KG, Mainz

In Spanien wünscht man sich „Feliz Navidad".
Wie in Italien findet auch hier die Bescherung der Kinder am 6. Januar statt. Die Geschenke bringen die Heiligen Drei Könige. Berühmt sind die prachtvollen Dreikönigsumzüge, bei denen, umgeben von einem großen Gefolge, die drei Könige auf echten Kamelen in den Ort ziehen und von ihren Dienern kleine Geschenke an die Kinder verteilen lassen.
Unser Lied singt und tanzt man aber schon am Heiligen Abend. Nach der Mitternachtsmesse „Misa de Gallo" versammeln sich die Erwachsenen und die Kinder auf dem Dorfplatz. Die Musikanten holen Gitarren und Schlaginstrumente und alle singen die „Villancicos", die fröhlich ausgelassenen, typisch spanischen Weihnachtslieder.

In Frankreich wünscht man sich „Joyeux Noël".

Wie bei uns bringt in Frankreich der Weihnachtsmann (Père Noël) den Kindern am 24. Dezember die Geschenke. In Südfrankreich gehören außer dem Weihnachtsbaum auch die Krippen mit den bunt bemalten Krippenfiguren aus Ton, die „Santons", in die Weihnachtszimmer, und vielleicht singt man eins der folgenden Weihnachtslieder:

22. Entre le boeuf et l'âne gris
Zwischen Ochs und Eslein

aus Frankreich

En - tre le boeuf et___ l'â - ne gris dort,
Zwi - schen dem Ochs und dem E - se - lein schläft,

dort, dort le pe - tit fils. Mille an - ges di - vins, mil - le se - ra -
schläft, schläft das Kin - de - lein. En - gel oh - ne Zahl lo - ben all - zu -

phins vo - lent a l'en - tour de ce Dieu d'a - mour.
mal die - sen Gott der Lie - be im ar - men Stall.

Deutscher Text: Brigitte Lentze
R.R.Klein - Abdruck mit freundlicher Genehmigung der Erbengemeinschaft

23. Il est né, le divin Enfant
'S ist geboren Gottes Sohn

aus Frankreich

Il est né, le di - vin En - fant, jou - ez, haut-bois, ré - son - nez, mu - set - tes!
'S ist ge - bo - ren__ Got - tes Sohn, spielt Schal - mei - en,__ Du - del - sä - cke!

Il est né, le di - vin En - fant, chan - tons tous son a - vè - ne - ment.
'S ist ge - bo - ren__ Got - tes Sohn, singt und spielt vor sei - nem Thron.

Fine

De - puis plus de qua - tre mille ans, nous le pro - met-taient les pro - phè - tes,
War - ten schon vier - tau - send Jahr' seit dem Spru - che__ der Pro - phe - ten,

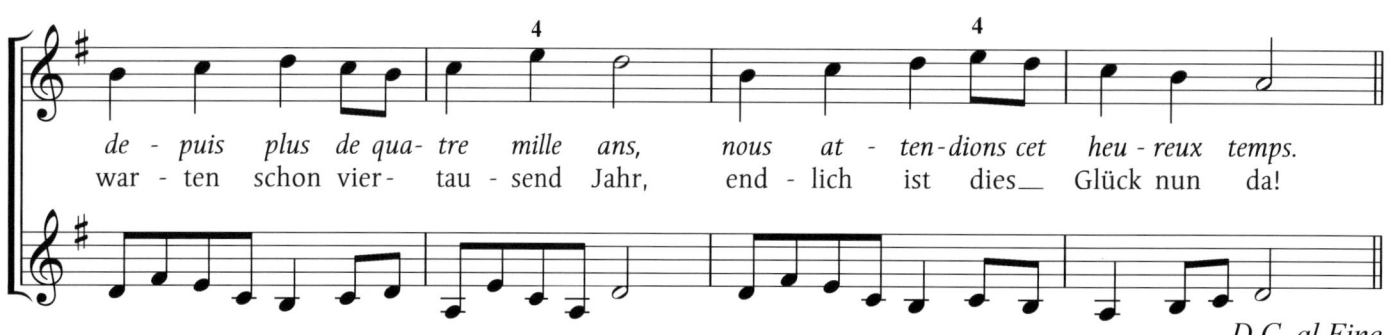

de - puis plus de qua - tre mille ans, nous at - ten-dions cet heu - reux temps.
war - ten schon vier-tau - send Jahr, end - lich ist dies__ Glück nun da!

D.C. al Fine

deutsche Textübertragung: R. B.-W. © 1991 Schott Music GmbH & Co. KG, Mainz

24. Eia, mein Jesulein

aus Polen

Ei - a, mein Je - su - lein, seh ich dich lie - gen. Ei - a, mein Je - su - lein,

will ich dich wie - gen. Schla - fe und_ träu - me, der Wind haucht ganz

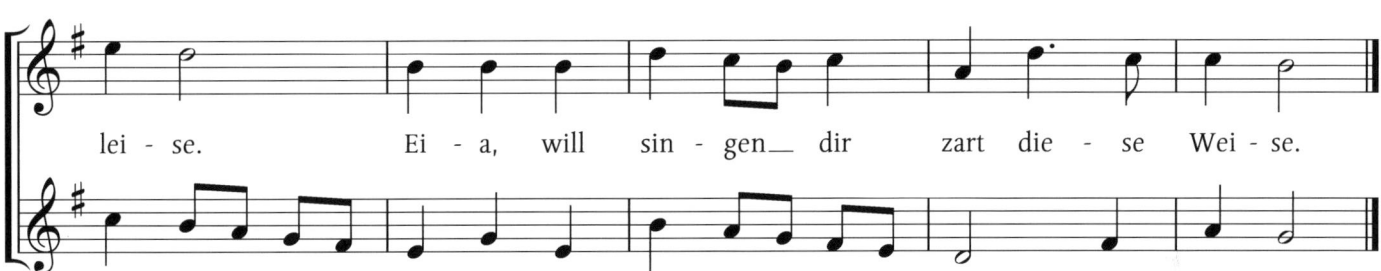

lei - se. Ei - a, will sin - gen_ dir zart die - se Wei - se.

deutsche Textübertragung: R. B.-W. © 1991 Schott Music GmbH & Co. KG, Mainz

In Polen wünscht man sich „Wesolyzh Swiat".
Das Weihnachtsfest steht unter katholischem Einfluss. Unter dem Christbaum steht die Krippe, vielleicht eine der polnischen „Scherenschnitt-Krippen". Die Feier beginnt wie bei uns am Heiligen Abend. Es gibt ein festliches Essen mit „polnischem Karpfen" und um Mitternacht geht man zur Mitternachtsmesse.

25. Komm, wir gehn nach Bethlehem

aus Tirol

1. Komm, wir gehn nach Beth - le - hem! Di - dl, du - dl, di - dl, du - dl,

di - dl, du - dl dei! Je - su - lein, Her - re— mein,

wie - gen will— ich— dich gar fein. dich gar fein.

deutsche Textübertragung: R. B.-W. © 1991 Schott Music GmbH & Co. KG, Mainz

2. Fritz, du spielst den Dudelsack! Didl, dudl…
3. Hansel, blas die Flöte du! Didl, dudl…
4. Jörg, spiel Violin' dazu! Fidl, fidl… fidl fum fei!
5. Max, du lässt den Bass erklingen! Dummel, dommel… dei!
6. … **Fällt dir selbst ein Vers ein?**

In Österreich wünscht man sich „Guade Weihnachten" und in der Schweiz „E Glöcksälige Wiehnacht".
Hier kann man am 6. Januar, dem Tag der Heiligen Drei Könige, den „Sternsingern" begegnen, Kindern, die mit einem gro-
ßen gebastelten Stern, manchmal verkleidet als Caspar, Melchior und Balthasar, von Haus zu Haus ziehen und Dreikönigs-
lieder singen. Sie bringen gute Wünsche zum neuen Jahr und manchmal bitten sie um Spenden für hungernde Kinder.

26. Es ist für uns eine Zeit angekommen

aus der Schweiz
Text: Paul Hermann

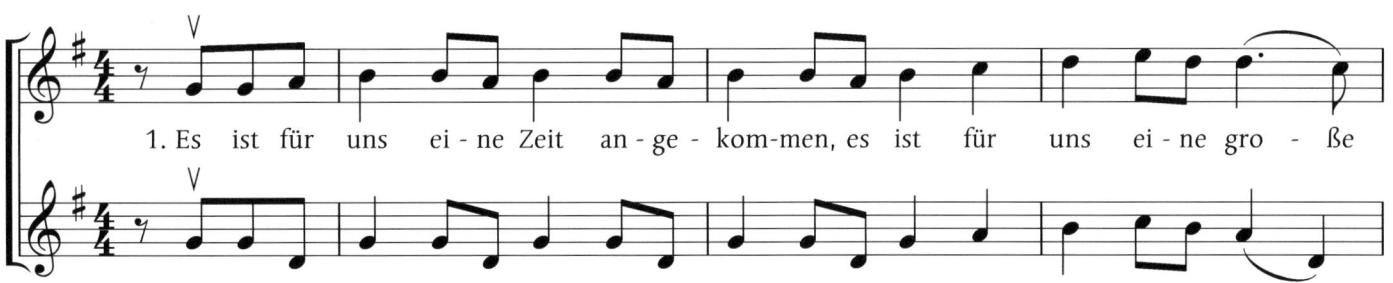

1. Es ist für uns ei - ne Zeit an - ge - kom-men, es ist für uns ei - ne gro - ße

Gnad'. Un - ser Hei - land Je - su Christ, der für

uns, der für uns, der für uns Mensch ge - wor - den ist.

2. Und in der Krippe, im Stall muss er liegen,
und wenn's der härteste Felsen wär.
Zwischen Ochs und Eselein
liegest du, liegest du,
liegst du armes Kindelein.

3. Und die drei Könige kamen ihn suchen,
der Stern führt sie nach Bethlehem.
Kron' und Zepter legten sie ab,
brachten ihm, brachten ihm,
brachten ihm ihre reiche Gab'.

DREI FRÖHLICHE WEIHNACHTSLIEDER

27. Fröhliche Weihnacht überall

Text: Daniel Schubart, 1786
Melodie: Karl Neuner, 1814

„Fröh - li - che Weih - nacht ü - ber - all!" tö - net durch die Lüf - te fro - her Schall,

Weih - nachts - ton, Weih - nachts - baum, Weih - nachts - duft in je - dem_ Raum!

„Fröh - li - che Weih - nacht ü - ber - all!" tö - net durch die Lüf - te fro - her Schall.

Fine

Da - rum stim - met al - le ein in den Ju - bel - ton,

denn es kommt das Licht der Welt von des Va - ters Thron.

D.C. al Fine

28. Engel lassen laut erschallen

aus Frankreich

Les an - ges dans nos cam-pa - gnes on en-ton-né l'hym - ne des cieux,
et l'é - cho de— nos mon-ta - gnes re - dit ce chant mé - lo - di-eux:
En - gel las - sen laut er-schal-len ü - berm Land den Lob - ge-sang.
Tau-send-fach die— Ber - ge hal-len wi - der ih - ren Sang und Klang.

Glo - - - - - - - - - - - - -

- ri - a   in ex - cel - sis de - o!   de - - o!

deutsche Textübertragung: R. B.-W. © 1991 Schott Music GmbH & Co. KG, Mainz

29. Jingle Bells

James Pierpont
aus den USA

Dash-ing through the snow in a one horse o-pen sleigh. O'er the fields we
Al - les ist ver - schneit, neh-men wir den Schlit-ten heut', ü - ber Fel - der

go, laugh-ing all the way; Bells on bob-tails ring,
weit, lust' - ge Weih-nachts - zeit! Schlit-ten-glöck-chen klingt!

ma - king spi-rits bright, what fun it is to ride and sing a sleigh-ing song to-night.
Fröh-lich al - le singt, hur - ra, welch Spaß das Fahr'n heut' Nacht im Pfer-de-schlit-ten macht!

deutsche Textübertragung: R. B.-W. © 1991 Schott Music GmbH & Co. KG, Mainz

LIEDER AUS ALTEN GESANGBÜCHERN

30. Es kommt ein Schiff, geladen

aus dem Andernacher
Gesangbuch, 1605

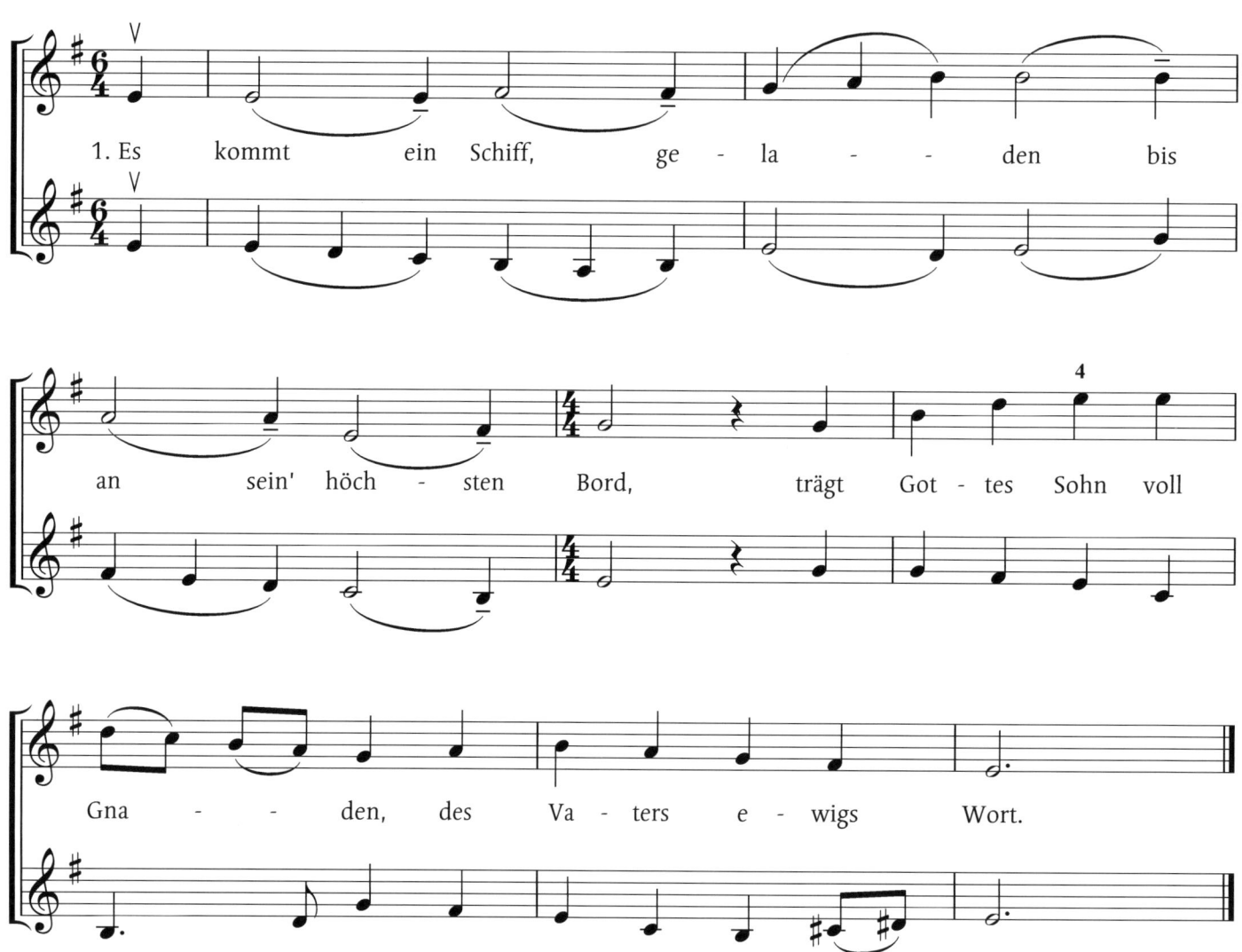

1. Es kommt ein Schiff, ge - la - - den bis an sein' höch - sten Bord, trägt Got - tes Sohn voll Gna - - den, des Va - ters e - wigs Wort.

2. Das Schiff geht still im Triebe,
   es trägt ein' teure Last;
   das Segel ist die Liebe,
   der Heilig' Geist der Mast.

3. Der Anker haft' auf Erden
   da ist das Schiff am Land.
   Das Wort tut Fleisch uns werden,
   der Sohn ist uns gesandt.

31. Lieb Nachtigall, wach auf

Bamberger Gesangbuch, 1670

1. Lieb Nach-ti-gall, wach auf, wach auf, du schö-nes Vö-ge-lein auf je-nem grü-nen Zwei-ge-lein, wach hur-tig ohn' Ver-schnauf. Dem Kin-de-lein aus-er-ko-ren, heut ge-bo-ren, halb er-fro-ren, sing, sing, sing, dem zar-ten Je-su-lein.

2. Flieg her zum Krippelein!
Flieg her, du kleines Schwesterlein,
blas an dem feinen Psalterlein,
sing Nachtigall, gar fein!
Dem Kindelein
musiziere, koloriere, jubiliere,
sing, sing, sing, sing,
dem süßen Jesulein.

3. Sing Nachtigall, ohn' End',
zu vielen hunderttausend Mal,
das Kindlein lobe ohne Zahl,
ihm deine Liebe send'!
Dem Heiland mein
Ehr erweise, lob' und preise, laut und leise,
sing, sing, sing, sing,
dem Christuskindelein.

32. Vom Himmel hoch, o Englein, kommt

Gesangbuch P. v. Brachel
Köln, 1623

1. Vom Him - mel hoch, o Eng - lein kommt. Ei - ja, ei - ja, su - sa - ni, su - sa - ni, su - sa - ni. Kommt singt und klingt und pfeift und trombt, al - le - lu - ja, al - le - lu - ja! Von Je - sus singt und Ma - ri - a!

2. Kommt ohne Instrumente nit!
Eia, eia,
susani, susani, susani.
Bringt Lauten, Harfen, Geigen mit!
Alleluja…

3. Lasst hören euer Stimmen viel!
Mit Orgel und mit Saitenspiel!

4. Hier muss die Musik himmlisch sein,
weil dies ein himmlisch' Kindelein.

ZWEI SPIRITUALS

33. Children, go where I send thee
Kinder, euch will ich senden

aus den USA

Chil - dren, go where I send thee, how shall I send thee?
Kin - der, Euch will ich sen - den, Euch will ich sen - den.

I am gon - na send thee one by one, one for the lit - tle bit - ty
Ei - ner nach dem an - de - ren ge - het hin, ei - ner zu dem win - zig klei - nen

Ba - by born, born, born in Beth - le - hem.
Ba - by, ja, ja Chri - stus ist ge - born!

deutsche Textübertragung: R. B.-W. © 1991 Schott Music GmbH & Co. KG, Mainz

34. Go, tell it on the mountain

aus den USA

Go, tell it on the moun - tain, o - ver the hills and
Geht, ruft es von den Ber - gen, von den Hü - geln

ev - 'ry where. Go, tell it on the moun - tain, that
ü - ber - all! Geht, ruft es von den Ber - gen, der

Je - sus Christ is born. While shep - herds kept their
Kö - nig ist ge - bor'n. Die Hir - ten auf dem

Fine

deutsche Textübertragung: R. B.-W. © 1991 Schott Music GmbH & Co. KG, Mainz

watch - ing o'er si - lent flocks by night, be -
Fel - de die Her - de wohl be - wacht. Am

-hold through - out the heav - ens there shone a ho - ly light,____
ho - hen Him - mel glänz - te das Lich der heil' - gen Nacht.____

D. C. al Fine

WEIHNACHTSLIEDER
IN DEN ERSTEN DREI GRIFFARTEN

35. Als ich bei meinen Schafen wacht

aus Lothringen

1. Als ich bei mei - nen Scha - fen wacht, ein En - gel mir die Bot - schaft bracht.

Des bin ich froh, bin ich froh. Froh, froh, froh! Froh, froh, froh! Be - ne - di-

-ca - mus Do - mi - no. Be - ne - di - ca - mus Do - mi - no!

2. Er sagt', es soll geboren sein
zu Bethlehem ein Kindelein.
Des bin ich froh, …

3. Er sagt', das Kind liegt dort im Stall
und soll die Welt erlösen all'.
Des bin ich froh, …

36. Ich steh an deiner Krippen hier

Zum bekannten Kirchenlied wurde dieses Lied durch Johann Sebastian Bach, der zu der Melodie einen Generalbasssatz schrieb. Es erschien 1736 in dem „Schemellischen" Gesangbuch. Den Text schrieb Paul Gerhardt.

37. Pat-a-pan

aus Frankreich

Wil - lie trom - melt recht im Takt, Ro - bin spielt die Flö - te

zart. Je - der spielt nach fro - her Art: Tu - re - lu - re - lu, pa - ta - pa - ta -

pan, je - der spielt nach fro - her Art an dem fröh - li - chen Weih - nachts - tag.

deutsche Textübertragung: R. B.-W. © 1991 Schott Music GmbH & Co. KG, Mainz

38. Fum, fum, fum
(Katalanischer Weihnachtstanz)

aus Spanien

A vin-ti-cinc de De-sem-bre, *fum fum fum*
1. Am fünf-und-zwan-zig-sten De-zem-ber, fum, fum, fum, am

fum, ha nas cut un mi-nyo-net ros i nlan-quet, ros i ban-
fum, kam zur Welt ein Knä-be-lein so zart und fein, so zart und

quet, fill de la Wer-ge Ma-ri-a, n'es nat
fein, in dem Stal-le ward's ge-bo-ren, von der

en u-na e-sta-bli-a, *fum fum fum! ha nas fum!*
Jung-frau aus-er-ko-ren, fum, fum, fum! kam zur fum!

Deutscher Text: nach Heinrich Müller
Aus H. Möller, Das Lied der Völker, Bd. 2
© 1991 Schott Music GmbH & Co. KG, Mainz

2. ‖: S'ist fünfundzwanzigster Dezember, fum, fum, fum. :‖
‖: Und der höchste Festtag, der ist heut
zur Weihnachtszeit.
Nach der Messe geht's nach Hause
zu dem guten Festtagsschmause,
fum, fum, fum! :‖

Dieses Lied wird seit dem Mittelalter in den Dorfkirchen von den Kindern des Chores nach der Mitternachtsmesse gesungen und getanzt. Bei „fum, fum, fum" schlägt die Gemeinde auf allerlei Lärminstrumenten dazu. Im 16. Jahrhundert wurde diese Sitte durch den Bischof von Sevilla verboten. Daraufhin begaben sich Chorkinder mit ihrem Leiter nach Rom und führten den Tanz dem Papst und dem Kardinalskollegium vor, mit dem Erfolg, dass der spanische Erzbischof das Verbot wieder aufheben musste. So konnte sich der Brauch bis in unsere Tage erhalten.

WEIHNACHTSLIEDER
IN ANDEREN GRIFFARTEN

39. Maria durch ein Dornwald ging

um 1600

1. Ma - ri - a durch ein Dorn - wald ging. Ky - ri - e - lei -
son. Ma - ri - a durch ein_ Dorn - wald ging, der_
hat seit sieb'n Jahrn kein Laub ge -trag'n. Je - sus und Ma - ri - a.

2. Was trug Maria unter ihrem Herzen?
   Kyrieleison!
   Ein kleines Kindlein ohne Schmerzen
   das trug Maria unter ihrem Herzen!
   Jesus und Maria.

3. Da hab'n die Dornen Rosen getragen.
   Kyrieleison!
   Als das Kindlein durch den Wald getragen,
   da haben die Dornen Rosen getragen!
   Jesus und Maria.

40. Lully, lullay

aus England

Langsam

Lul - ly, lul - lay, thou lit - tle ti - ny Child,
Lul - ly, lul - lay, du klei - nes, zar - tes Kind!

by, by, lul - ly, lul - lay. Lul - lay, thou lit - tle
Schla - fe, lul - ly, lul - lay! Lul - lay, du klei - nes,

ti - ny Child, by, by, lul - ly, lul - lay.
zar - tes Kind! Schla - fe, lul - ly, lul - lay!

41. O little town of Bethlehem
O kleines Städtchen Bethlehem

aus England

O lit-tle town of Beth-le-hem, how still we see thee lie, a - bove thy deep and
O klei-nes Städt-chen Beth-le-hem, du liegst in tie-fer Ruh. Du schläfst ganz tief und

dream-less sleep, the si - lent stars go by, yet in tha darkstreets shi - neth the
oh - ne Träu-me, Stern-lein_ schaun dir zu. In dei-nen dunk-len Stra - ßen scheint

e - ver-last-ing Light, the hopes and fears of all the years are met in thee to - night.
heut' das ew' - ge Licht, ge - bo-ren ist uns Got-tes Sohn, der Her - re Je - su Christ.

42. A la nanita nana

Leise, ganz leise

aus Spanien

A la na - ni - ta na - na, na - ni - ta e - a, na - ni - ta e - a,
Lei - se, ganz lei - se wie - gen wir dich, nun schlaf', klei - nes Ba - by, schla - fe!

mi Je - sus tie - ne sue - no, ben - di - to se - a ben - di - to se - a.
Mein klei - ner Je - sus, bist so mü - de, nun lass dich wie - gen, Gott seg - ne dich.

Fuen - te ci - lla que co - rres cla - ra y so - no - ra;
Rui - se - nor de la sel - va, can - tan - do llo - res;
Flie - ße, du klei - nes Bäch - lein, sin - gend und klar.____
Bring', Nach - ti - gall im Wal - de, ein Lied ihm dar.____

Ca - llad mien - tras la cu - na se ba - lan - ce - a.
Seid nun ganz still und lei - se, 's Ba - by will schla fen,

A la na - ni - ta na - na, na - ni - ta e____ a.
seid nun ganz still und lei - se, 's Ba - by will schla - fen.

deutsche Textübertragung: R. B.-W. © 1991 Schott Music GmbH & Co. KG, Mainz

Gruß aus
BETHLEHEM

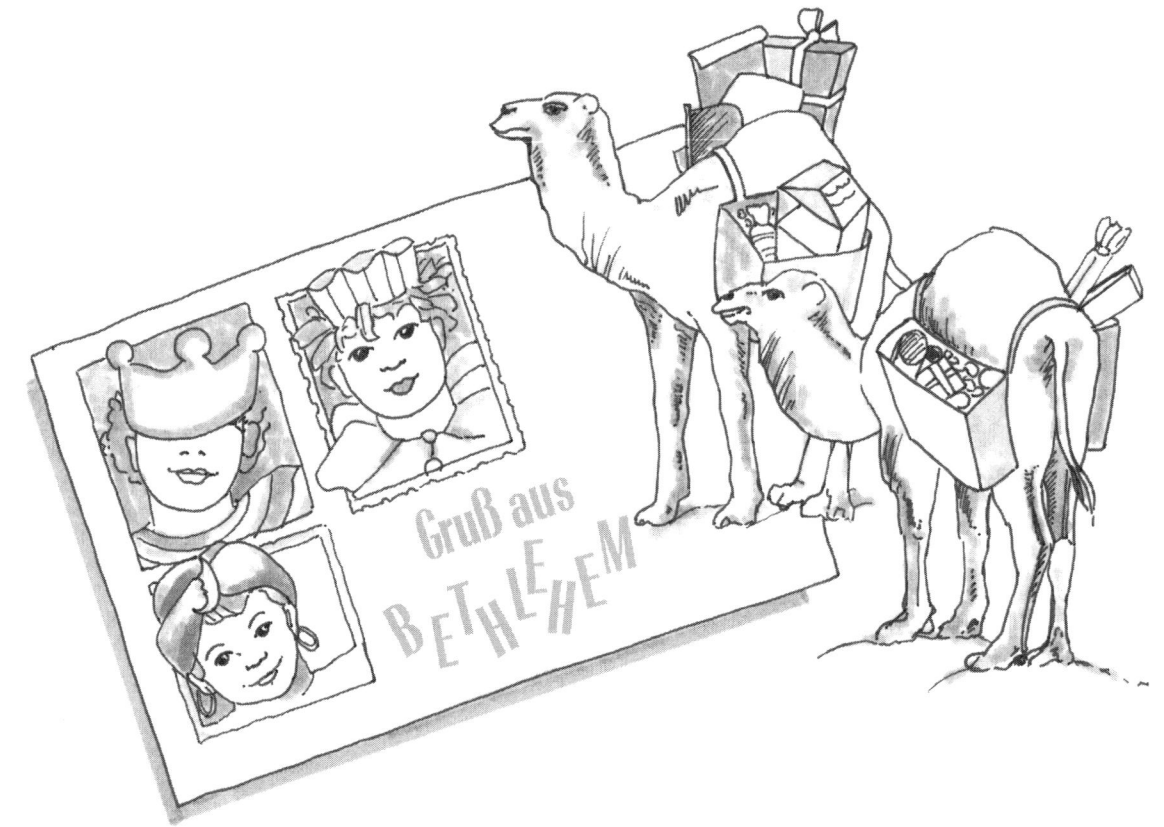

43. Marsch der Könige

aus Frankreich

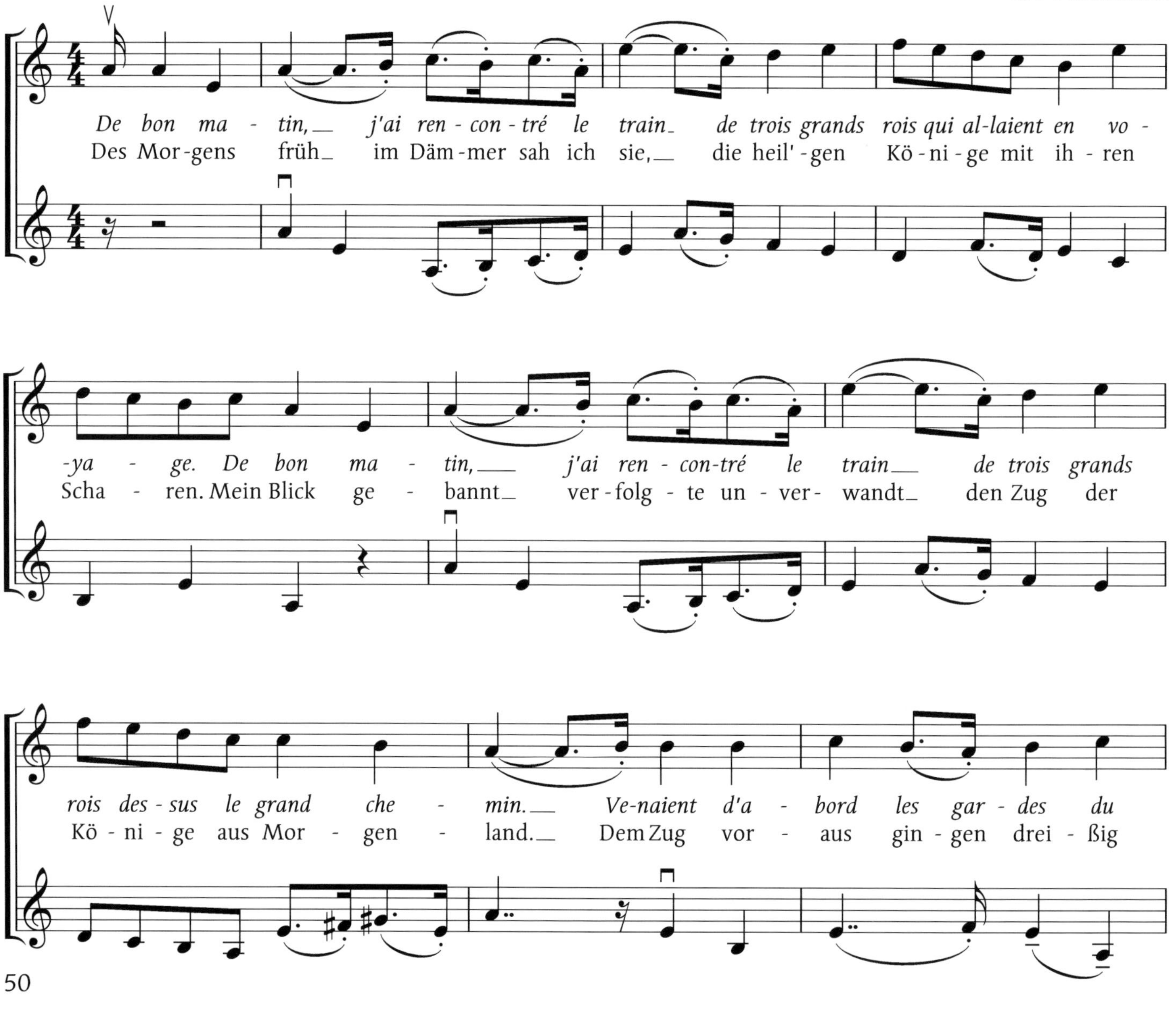
De bon ma - tin, j'ai ren - con - tré le train de trois grands rois qui al - laient en vo - ya - ge. De bon ma - tin, j'ai ren - con - tré le train de trois grands rois des - sus le grand che - min. Ve - naient d'a - bord les gar - des du
Des Mor - gens früh im Däm - mer sah ich sie, die heil' - gen Kö - ni - ge mit ih - ren Scha - ren. Mein Blick ge - bannt ver - folg - te un - ver - wandt den Zug der Kö - ni - ge aus Mor - gen - land. Dem Zug vor - aus gin - gen drei - ßig

corps, ___ des gens ar - més, a - vec tren - te pe - tits pa - ges. Ve - naient d'a -
Mann ___ mit Pau - ken und mit Trom - pe - ten und Fan - fa - ren. Dem Zug vor -

bord les gar - des du corps, ___ des gens ar - més des - sus leurs jus - tau - corps.
-an gin - gen drei - ßig Mann, die hat - ten wun - der - schö - ne Klei - der an.

Deutscher Text: Fritz Schröder
aus dem Liedblatt „Die Fidel", Fidula Verlag, Boppard a. Rh.

Der berühmte französische Komponist Georges Bizet verwendete dieses Lied in seiner „L'Arlesienne-Suite".
Vielleicht kannst du sie dir einmal anhören. Es ist Musik, die dir sicherlich gefällt.

44. What child is this
(Greensleeves)

aus England

What Child is this __ who laid to rest __ on Ma - ry's lap, __ is
Wer ist dies Kind, __ das liegt so still auf Ma - ri - as Schoß, süß

sleep - ing? Whom an - gels greet __ with an - thems sweet __ while
schla - fend? Das En - gel grü - ßen mit Lob - ge - sän - gen und

shep - herds watch __ are keep - ing? This, this __ is
Hir - ten mit ih - ren Scha - fen? Ja, das __ ist

Christ the King, __ whom shep - herds guard __ and an - gels sing;
Christ, der Herr, __ dem Hir - ten wa - chen und En - gel sing'.

Haste, haste to bring Him laud __ the Babe, __ the Son __ of Ma - ry!
Eilt, eilt __ und brin - get Lob __ dem Ba - by, dem Sohn Ma - ri - as!

WEIHNACHTSLIEDER FÜR DREI VIOLINEN

45. Es ist ein Ros' entsprungen

aus dem 15. Jahrhundert

1. Es ist ein' Ros' ent - sprun - gen aus ei - ner Wur - zel zart,
wie uns die Al - ten sun - gen: von Jes - se kam die Art

und hat ein Blüm - lein bracht mit - ten im kal - ten

Win - ter wohl zu der hal - ben Nacht.

2. Das Röslein, das ich meine,
davon Jesaja sag,
hat uns gebracht alleine
Marie, die reine Magd;
aus Gottes ew'gem Rat
hat sie ein Kind geboren
wohl zu der halben Nacht.

46. Auf dem Berge, da gehet der Wind

aus Oberschlesien

Auf dem Ber-ge, da we-het der Wind,____ da wiegt die Ma-ri-a ihr Kind____ mit ih-rer schloh-en-gel-wei-ßen Hand, sie hat__ da-zu__ kein Wie-gen-band. „Ach Jo-seph, lie-ber Jo-seph mein, ach hilf mir doch wie-gen mein Kin-de-lein!" „Wie kann ich dir denn__ dein Kind-lein wiegn'? Ich kann ja kaum sel-ber die Fin-ger bieg'n" Schum, schei, schum, schei.

47. Stille Nacht

aus dem Salzburger Land
Text: Joseph Mohr
Melodie: Franz Gruber

1. Stil - le Nacht! Hei - li - ge Nacht! Al - les schläft, ein - sam wacht nur das trau - te hoch- hei - li - ge Paar. „Hol - der Kna - be im lo - cki-gen Haar, schlaf in himm - li-scher Ruh', schlaf in himm - li-scher Ruh!"

2. Stille Nacht, heilige Nacht!
   Gottes Sohn, o wie lacht
   Lieb aus deinem göttlichen Mund,
   da schlägt uns die rettende Stund,
   ‖: Christ in deiner Geburt. :‖

2. Stille Nacht, heilige Nacht!
   Hirten erst kundgemacht.
   Durch der Engel Halleluja
   tönt es laut von fern und nah:
   ‖: „Christ, der Retter ist da!" :‖

ALPHABETISCHES LIEDERVERZEICHNIS